AF244734

L'ARBITRAGE

DEVANT

LES CONFÉRENCES ET LES CONGRÈS INTERNATIONAUX

(1826-1900)

RÉSUMÉ DES DÉCISIONS PRISES DANS LES DIVERS CONGRÈS
INTERNATIONAUX
POUR LE RÈGLEMENT PACIFIQUE DES CONFLITS
ENTRE LES PUISSANCES
COMMISSION D'ENQUÊTE, TRIBUNAL PERMANENT D'ARBITRAGE

PAR

A. BASCUÑÁN

Officier de la Légion d'honneur

PARIS
IMPRIMERIE ET LIBRAIRIE CENTRALES DES CHEMINS DE FER
IMPRIMERIE CHAIX
SOCIÉTÉ ANONYME AU CAPITAL DE TROIS MILLIONS
Rue Bergère, 20
1901

L'ARBITRAGE

DEVANT

LES CONFÉRENCES ET LES CONGRÈS INTERNATIONAUX

(1826-1900)

RÉSUMÉ DES DÉCISIONS PRISES DANS LES DIVERS CONGRÈS
INTERNATIONAUX
POUR LE RÈGLEMENT PACIFIQUE DES CONFLITS
ENTRE LES PUISSANCES
COMMISSION D'ENQUÊTE, TRIBUNAL PERMANENT D'ARBITRAGE

PAR

A. BASCUÑÁN

Officier de la Légion d'honneur

PARIS

IMPRIMERIE ET LIBRAIRIE CENTRALES DES CHEMINS DE FER
IMPRIMERIE CHAIX
SOCIÉTÉ ANONYME AU CAPITAL DE TROIS MILLIONS
Rue Bergère, 20
1901

BIBLIOTHÈQUE NATIONALE
R F
ESTAMPES

Il y a des droits tant privés que publics qui ne
peuvent jamais faire l'objet d'une renonciation valide.   (MANCINI)

Soumettre les différends
internationaux à un pareil
tribunal n'aurait d'autre
effet que de retarder la
guerre. Il ne faut pas se
laisser égarer par cette
expression : *La Loi Internationale.* Elle n'existe pas
et n'a d'autre base que les
opinions de publicistes, et
aucun tribunal n'est à
même de la faire exécuter.
          (Lord SALISBURY)

Nous avons profondé-
ment déploré qu'une
guerre ait éclaté entre les
deux Républiques Sud-
Africaines et l'Angleterre.
Nous étions avertis que la
seule garantie certaine de
la paix et que le maintien
de ses propres droits rési-
dent dans la force qu'on
possède.   (VON BULOW)

L'ARBITRAGE

DEVANT

LES CONFÉRENCES ET LES CONGRÈS INTERNATIONAUX

(1826-1900)

A la propagande ainsi qu'à l'action des jurisconsultes du droit des gens pour rechercher les moyens de prévenir les conflits entre les nations ou pour régler les controverses sérieuses qui se produisent entre elles, a succédé l'action directe des gouvernements pour provoquer, dans le même but, l'adoption des préceptes communs et uniformes du droit public universel.

Il ne m'appartient pas de résumer ici l'opinion des publicistes qui en ont discuté les bases qui, comme les bons offices, la médiation et l'arbitrage, peuvent dissiper les mésintelligences internationales, non plus que d'évoquer les cas particuliers dans lesquels ces procédures sont intervenues entre deux ou plusieurs Puissances.

En plus de ces opinions et de ces cas particuliers qui ne furent que des engagements conventionnels entre quelques chancelleries, nous possédons actuellement les déclarations des divers Congrès dont le but a été d'étudier les moyens de pacification entre les États d'une façon absolue et générale.

En effet, soit pour perfectionner encore la civilisation humaine, soit par crainte des perturbations qu'amène la guerre dans le domaine industriel, soit même pour s'exonérer des contributions et des frais énormes qu'impose la paix armée, cette étude est aujourd'hui devenue la tâche préférée des chancelleries, qui travaillent par elle à la recherche du bien-être international tout en respectant, dans la plus large mesure possible, les principes fondamentaux de l'indépendance, les intérêts permanents, l'honneur et la souveraineté de chaque État.

L'équilibre et la stabilité des nations, si souvent détruits par la cupidité ou le désir de possession, ne seraient plus troublés si, au lieu de la force brutale et du droit du plus puissant, les peuples se laissaient guider par une sage interprétation de préceptes raisonnés, dictés et approuvés par des Congrès où leurs délégués s'efforceraient d'établir des lois communes acceptables par tous.

C'est dans ce but que nous nous efforcerons de réunir dans cet ouvrage les articles adoptés ou refusés par les Congrès internationaux et qui ont eu pour objet de fixer les moyens de prévenir les conflits, parmi lesquels se trouvent la proposition des bons offices, c'est-à-dire l'offre *amicale* que font une ou plusieurs Puissances de régler les controverses, et la médiation qui n'est autre que l'interposition des bons offices réclamés par les Puissances en désaccord. Ces deux principes ont été récemment discutés et réglementés, autant que faire se peut, par la « Conférence des Vingt-six Puissances ».

Pendant les dix dernières années du xix⁰ siècle, les bases générales pour la solution pacifique des mésintelligences graves entre les nations ont acquis de jour en jour plus d'autorité parmi les États.

Les bons offices et la médiation ont fait partie des clauses du droit des gens au Congrès et au Traité de

Vienne conclus entre les plénipotentiaires d'Autriche, de France, d'Angleterre, de Russie et de Turquie en mars 1855, réunis pour prévenir les complications survenues au sujet du protectorat exercé par la Russie sur la Moldavie, la Serbie et la Valachie.

Dans l'article 5 du Protocole n° I, ces représentants ont stipulé que : « Dans le cas où il se produirait des doutes » sur l'interprétation du Hat constitutionnel, les Puissances » signataires examineront en Conférence le bien fondé des » réclamations. En cas d'échec, elles feront valoir leurs » bons offices aussi bien près de la Sublime-Porte que des » autorités locales. »

Cette disposition a acquis encore plus d'autorité par la déclaration que l'Autriche, la France, la Grande-Bretagne, la Prusse, la Russie et l'Empire Ottoman firent dans le Protocole n° XIV du même Congrès et dans lequel elles prirent cet engagement réciproque : « S'il naissait un » conflit entre la Porte et une des puissances signataires, » ces deux États, avant de recourir aux armes, devaient » mettre les autres en mesure de prévenir cette extrémité » par des moyens pacifiques ».

Plus tard, le 30 mars 1856, fut signé le Traité de Paris qui mit fin à la guerre russo-turque. L'Autriche, la France, la Grande-Bretagne, la Prusse, la Russie, la Sardaigne et l'Empire Ottoman, représentés à la Conférence de Paris, désirant terminer les calamités de cette guerre et aussi prévenir le retour des complications qui l'avaient précédée, tout en assurant l'indépendance de la Turquie, déclarèrent que :

« Traité de Paris. — Article VII : S'il se produisait entre » la Sublime-Porte et une ou plusieurs des Puissances

» signataires un dissentiment qui menace le maintien de
» leurs relations, la Sublime-Porte et chacune de ces Puis-
» sances, avant de faire appel aux armes, mettraient les
» autres parties contractantes en mesure de prévenir cette
» extrémité par une action médiatrice. »

Ce sont là, croyons-nous les premiers cas de bons offices et de médiation préventive qui ont été établis et consacrés par des Congrès internationaux. Nous nous abstiendrons de signaler ici d'autres cas de moindre importance et qui n'ont pas la valeur des principes établis par le Traité de Paris, tels que les cas survenus lors de la dernière guerre entre la Turquie et la Grèce, les ouvertures que fit le Gouvernement des États-Unis à la chancellerie britannique pour décider l'Angleterre à soumettre à l'arbitrage l'incident de frontières entre le Vénézuela et la Guyane anglaise, la médiation de la France pour terminer la guerre entre l'Amérique du Nord et l'Espagne, etc.

L'intervention des bons offices et la médiation n'ont pas été toujours considérés comme des actes de bonne amitié ; bien au contraire, et tout dernièrement, dans le règlement arbitral de l'affaire de limites entre l'Angleterre et le Vénézuela, la chancellerie britannique a cru y voir une action peu amicale du Gouvernement Américain.

Dans d'autres circonstances, on en a observé l'inopportunité, lorsque, par exemple, les délégués américains, MM. Trescott et Blaine, remplirent une mission médiatrice pour terminer la guerre entre le Chili, le Pérou et la Bolivie (1879-1884). L'effort fut stérile pour avoir été tenté quand le résultat de cette guerre se manifestait entièrement favorable à la République Chilienne.

La Conférence de la Haye a envisagé tous les aspects que peut présenter ce moyen pacifique d'aplanir les difficultés entre des Puissances amies, la Conférence ayant déclaré que *les bons offices ne sauraient être considérés comme un acte peu amical par les parties en désaccord, que les fonctions de médiateur cessent dès que les moyens de conciliation ont été épuisés sans résultat et que les bons offices ainsi que la médiation conserveront leur caractère de conseil et non d'obligation.*

Ces principes ratifiés par ladite Conférence impliquent nécessairement l'acceptation mutuelle des nations en cause.

C'est dans cet esprit que le chancelier de l'Empire d'Allemagne, M. de Bülow, déclara au Reichstag, le 10 décembre 1900, dans les termes suivants, que la proposition de la médiation de l'Allemagne avait été faite pour en finir avec la guerre sud-africaine :

« En ce qui touche la possibilité d'une médiation en vue
» de la paix, on devait être assuré d'avance que cette
» médiation serait acceptée par les deux parties ; autre-
» ment, il aurait fallu songer à une intervention, suivie au
» besoin par des moyens de coercition. Une telle inter-
» vention nous était défendue, aussi bien par l'état géné-
» ral de la politique universelle que par les intérêts parti-
» culiers de l'Allemagne. Même les puissances qui ont mis
» en avant, d'une manière toute académique, l'idée d'une
» médiation amicale, ont eu soin de bien spécifier qu'elles
» n'avaient aucune intention de vouloir obliger l'Angleterre
» à conclure la paix contre son gré.

» Lorsque l'Amérique se hasarda à demander à l'Angle-
» terre, de la façon la plus correcte, si elle admettait l'idée
» d'une médiation, le Gouvernement anglais répondit en
» forme officielle qu'il la repoussait catégoriquement. L'in-
» tervention, si elle ne conduit pas à un échec diplomatique,
» a pour issue presque fatale un conflit guerrier. »

Néanmoins, les principes dans la forme que les a adoptés la Conférence de la Haye faciliteront dans l'avenir les dénouements pacifiques, pourvu qu'ils éloignent pour les pays moins puissants l'idée de toute imposition ou obligation qu'a donnée parfois la médiation qui n'est pas toujours guidée par le désir d'apaisement, par le désintéressement ou l'impartialité, et pourvu que les plus puissants ne deviennent que des conseillers amicaux d'une incontestable valeur morale.

Si l'idée de faire cesser les hostilités ou de prévenir les conflits germa lors du Traité des Neuf grandes Puissances réunies au Congrès de Vienne, les moyens d'y parvenir ont été consacrés à l'instar d'un chapitre du droit des gens universel par la Conférence de la Haye, où vingt-six nations les ont étudiés et approuvés dans une forme telle qu'ils réussiront sans doute à être efficaces pour régler les différends ou du moins pour devenir des intermédiaires actifs et un acheminement définitif vers la solution par l'arbitrage.

Déjà les huit articles du Titre II de la « Convention pour le règlement pacifique des conflits internationaux » sont une précieuse acquisition humanitaire ; le Titre III y a ajouté un nouveau recours au droit des gens qui est tout à fait remarquable, telle, par exemple, l'idée des Commissions d'enquête proposées par les délégués russes pour définir les cas où le désaccord serait un incident purement local ou d'importance minime et qui serait accueilli par la presse et par le public avec une exagération notoire.

L'approbation de cette idée, préconisée par M. de Martens, l'éminent délégué de la Russie, rencontra de l'opposition de la part de la Turquie qui désirait se réserver le droit de refuser la constitution et l'envoi de ces Commissions.

Les États des Balkans et la Grèce s'y opposaient également, estimant que la Commission d'enquête serait toujours fatalement favorable aux grandes puissances, aux puissances les plus fortes, et par cela même elle constituait pour les autres États une intervention intolérable et dangereuse. Cette opposition cessa lorsqu'on eut ajouté, afin de généraliser le principe, à l'article : « *autant que les circonstances le permettront* », le dépouillant ainsi de l'aspect agressif qui avait donné lieu à cet incident.

Il est un fait digne de remarque, c'est que dès la moitié du xixᵉ siècle, il succède à l'absolue séparation des États une amélioration de rapports internationaux cherchant à vulgariser les principes communs par le respect mutuel, par la confraternité générale plutôt que par l'ancien système des interventions suivies de mesures d'intimidation qui, comme le dit M. de Bülow, sont interdites tant par l'état latent de la politique universelle que par les intérêts particuliers de chaque État.

Nous arrivons maintenant à l'arbitrage devant les Congrès des nations.

Il a été un des problèmes les plus difficultueux du droit public international.

Il est fort peu de peuples qui, dans le cours de leur histoire, n'ont pas recouru à ce moyen pacifique, soit pour régler leurs conflits, soit pour prévenir et même terminer des guerres. L'arbitrage est devenu pour ainsi dire le terme habituel de procédure pour les dissensions provenant plus spécialement des démarcations de frontières, indemnités aux neutres, et même pour l'interprétation de certains traités. Tous les juriconsultes considèrent qu'il est le principe de droit qui correspond le plus justement avec les progrès de la civilisation, et c'est plutôt la rédaction des règles générales pour toutes les nations en cette matière qui a trouvé maintes divergences d'opinions et qui est encore aujourd'hui le but des délibérations des Congrès.

Comme toute grande conquête, l'idée d'arbitrage ne peut avancer d'un pas qu'à la suite d'une perturbation politique quelconque.

Un Congrès siégeant à Londres décréta en 1849 la liberté des nègres et proscrivit la traite. Le Congrès de Paris de 1856 ouvrit après une guerre la mer Noire au commerce universel et appliqua au Danube les règlements que le Congrès de Vienne de 1815 avait promulgués pour la navigation des fleuves inter-territoriaux. Le Congrès de Westphalie qui termina des luttes sanglantes, décréta la liberté de conscience que ratifia la Révolution Française de 1789. Le Congrès de Saint-Pétersbourg dénombra les armes prohibées en temps de guerre. La Déclaration de Paris abolit les corsaires et la piraterie et décréta des mesures protectrices pour le commerce neutre en temps de guerre. A Bruxelles et à Genève d'autres Congrès ont diminué les calamités de la guerre, mais pas un Congrès ne nous a encore donné une Convention générale pour l'arbitrage, même pour fixer les cas où s'imposerait l'obligation internationale d'y recourir avant d'en venir aux hostilités.

Nous trouvons pour la première fois l'arbitrage devant un Congrès y cherchant sa véritable application, c'est-à-dire d'être généralisé pour éviter les conflits, lors du Congrès de Panama convoqué par le maréchal Bolivar, guidé par l'idée de liguer entre elles les nations de l'Amérique Centrale et du Sud pour les fortifier davantage contre la métropole espagnole.

Bolivar, en convoquant le Congrès qui se tint à Panama le 15 juillet 1826, avait signé préalablement avec le Pérou

— 13 —

(16 juillet 1822), le Chili (21 juillet 1822), le Mexique (3 octobre 1822), et avec les Républiques de l'Amérique Centrale le 15 mars 1825, des conventions dans lesquelles la stipulation suivante fut conclue entre les pays précités et la Colombie :

« Aussitôt ce grand et important objet obtenu (l'union
» des Républiques pour combattre l'Espagne), se réunira
» l'Assemblée générale des États américains, composée
» de ses plénipotentiaires, dans le but de consolider de la
» façon la plus stable les relations intimes qui doivent exister
» entre eux et de recourir en cas de conflits graves à un
» juge arbitre et conciliateur. »

Vingt ans plus tard, un autre Congrès se réunissait à Lima (1847) et se composait des délégués du Chili, Bolivie, Nouvelle-Grenade et Pérou et promulgua une loi semblable inspirée par l'annexion du territoire mexicain du Texas par les États-Unis et par l'invasion postérieure du Mexique par les forces américaines, dans un traité qui porte le nom de « Traité de la Confédération » (8 février 1848). Dans cette convention ils ont stipulé l'établissement d'un Congrès de plénipotentiaires avec d'amples pouvoirs pour régler amiablement les discordes qui pourraient surgir entre les confédérés en ajoutant que : « si cette médiation était in-
» suffisante, pour que les Républiques puissent néanmoins
» s'en inspirer, si elles rejettent l'arbitrage, le Congrès exa-
» minant les motifs du dissentiment, rendra la sentence
» qu'il trouvera la plus équitable. »

En 1872, fut constitué un tribunal d'arbitres pour examiner les réclamations qu'avaient provoquées l' « Alabama ». Réuni à Genève, il devint d'un intérêt majeur après la guerre de Sécession des États-Unis d'Amérique, et redoubla l'importance des discussions des chancelleries, de la presse et des assemblées scientifiques qui, toutes, préconisaient la solution arbitrale comme primordiale dans les dissentiments internationaux.

Deux ans plus tard l'Institut du droit international provoqua la réunion d'éminents jurisconsultes tels que MM. Asser (Irlandais), Breobrasoff (Russe), Blunschli (Allemand), Caloo (Argentin), Dudley Field (Américain), de Laveleye (Belge), Lorinier (Écossais), Mancini (Italien), Moynier (Suisse), Pieramonte (Naples) et Rollin Jacquemins (Belge) qui attirèrent l'attention de tous les gouvernements. Après une étude des plus consciencieuses, l'Institut fit la déclaration suivante :

« La conférence déclare qu'elle considère l'arbitrage
» comme le moyen le plus juste, le plus raisonnable et
» *même obligatoire* pour les nations de terminer les conflits
» internationaux qui ne peuvent être réglés par la voie des
» négociations. Elle s'abstient d'affirmer *que dans tous les*
» *cas sans exception* le moyen peut être appliqué, mais elle
» croit que ces exceptions sont peu nombreuses. Elle est
» convaincue qu'aucun conflit ne doit être considéré
» comme insoluble, si ce n'est après un délai suffisant, un
» clair exposé de l'objet en litige et l'épuisement de tous les
» moyens pacifiques d'arrangement. »

Au sujet de cette rédaction, il faut signaler qu'au moment de la voter, plusieurs membres de l'Institut ont fait des réserves au sujet de l'expression : *même obligatoire*, et que de l'avis des conférents, elle est restée synonyme de *devoir* et non pas d'obligation juridique.

Presque en même temps et stimulés par les calamités de

la guerre franco-allemande, les Parlements s'occupèrent
d'étudier les moyens de pacification universelle.

Mancini le premier présenta au Parlement italien une
déclaration compromissoire comme garantie de la concorde
universelle dans laquelle l'Italie serait la première à entrer,
et peu de temps après le roi décida de soumettre à l'arbitrage une question de frontières pendante avec la Suisse
(1873).

Au Parlement anglais (1873), à la Chambre des représentants aux États-Unis (1874), à la Chambre des États
Généraux des Pays-Bas (1874), au Parlement belge (1875),
à la Chambre des Députés en France (1886), et à la Chambre des Lords (1887), on continua à présenter des motions
analogues, et à voter des déclarations dont le but était de
généraliser l'idée d'arbitrage et d'apaisement.

L'Acte général de la Conférence de Berlin (27 février 1885)
destinée à régler dans un esprit de bonne entente mutuelle
les conditions les plus favorables au développement du
commerce et de la civilisation dans certaines parties de
l'Afrique, et à assurer à tous les peuples la libre navigation
des deux principaux fleuves africains tributaires de l'Atlan-
tique, a établi le principe d'arbitrage pour régler les malentendus que ces questions pourraient soulever.

Voici le texte de cette déclaration :

« Art. 12. Ch. III. Dans le cas où un dissentiment sé-
» rieux, ayant pris naissance au sujet des limites des ter-
» ritoires mentionnés dans l'article 1er et placés sous le
» régime de la liberté commerciale, viendrait à s'élever
» entre les Puissances signataires du présent Acte ou des
» Puissances qui y adhéreraient par la suite, ces Puissances
» *s'engagent*, avant d'en appeler aux armes, à recourir à la
» médiation d'une ou de plusieurs Puissances amies. »

« Pour le même cas, les mêmes Puissances se réservent
» le recours *facultatif* à la procédure de l'arbitrage. »

Nous appelons l'attention sur cette déclaration particulière dont nous nous occuperons plus loin.

Nous nous trouvons maintenant en présence du Congrès international de Washington :

Au commencement de l'année 1881, le Secrétaire d'État des États-Unis d'Amérique, M. Blaine, invita, au nom du président Garfield, toutes les Républiques de l'Amérique Centrale et du Sud à se faire représenter à un Congrès général siégeant à Washington afin de rechercher les moyens de prévenir la guerre entre les nations américaines à l'exclusion de toute autre étude.

M. Blaine ajoutait à la convocation que les États-Unis n'entendaient pas assumer le rôle de conseiller ni terminer par ce Congrès les questions en ce moment existantes entre plusieurs de ces nations, faisant par cela allusion à la guerre entre le Chili, le Pérou et la Bolivie (1879-1884).

Le Congrès, par suite de l'assassinat du président Garfield et d'autres circonstances, n'eut lieu qu'en 1889, et fut alors étendu au règlement d'autres questions adéquates à son objet.

Après trois mois de discussion, en avril 1890, la seizième commission, chargée d'élaborer un plan d'arbitrage, rédigea le projet suivant que nous reproduisons *in extenso* :

PLAN D'ARBITRAGE

ADOPTÉ A WASHINGTON LE 17 AVRIL 1890

Les Délégations de l'Amérique du Nord, Centrale et du Sud, réunies en Conférence internationale américaine :

Estimant que la guerre est le moyen le plus cruel, le plus incertain, le plus inefficace et le plus dangereux pour décider des différends internationaux ;

Animées par l'idée des grands bénéfices moraux et matériels qu'offre la paix à l'humanité et certaines que la condition actuelle de leurs pays respectifs est singulièrement propice à la consécration de l'arbitrage en opposition aux luttes armées ;

Convaincues, par la cordialité de cette Conférence, que les nations américaines régies par les principes, les devoirs et les responsabilités d'un gouvernement démocratique, et liées par des intérêts communs et grandissants peuvent, par leur action universelle, affermir la paix du continent aussi bien que par la bonne volonté de tous les habitants ;

Et, estimant qu'il est de leur devoir d'apporter leur assentiment aux principes de paix proclamés par le sentiment de l'opinion universelle ;

Sollicitent des Gouvernements qu'elles représentent la promulgation d'un traité uniforme d'arbitrage sur les bases suivantes :

Article Premier. — Les Républiques de l'Amérique du Nord, du Centre et du Sud adoptent l'arbitrage comme un principe de *Droit International Américain pour la solution des différends, discordes ou malentendus entre deux ou plusieurs d'elles.*

2

Art. 2. — *L'arbitrage est obligatoire dans toutes les questions de privilège diplomatique ou consulaire; limites; territoires; indemnités; droits de navigation; validité, interprétation et exécution de traités.*

Art. 3. — *L'arbitrage est également obligatoire en tenant compte de l'article suivant, pour les autres questions non énumérées dans l'article précédent, quels que soient leur cause, leur nature ou leur objet.*

Art. 4. — On excepte uniquement de la disposition précédente les questions qui, d'après une des nations intéressées, compromettent son indépendance. L'arbitrage sera alors volontaire de la part de cette nation, mais il sera obligatoire pour l'autre.

Art. 5. — Les questions actuelles et futures excipent de ce traité.

Art. 6. — On ne peut renouveler, de par ce traité, les questions sur lesquelles les parties auraient déjà convenu d'un réglement définitif et, dans ce cas, l'arbitrage ne saurait exclusivement qu'en corroborer la validité, l'intelligence et l'exécution.

Art. 7. — L'élection d'arbitres ne reconnaît ni limites, ni préférences. En conséquence, cette charge peut être accordée à tout Gouvernement qui entretient avec la nation adversaire de celle qui le sollicite des rapports amicaux. Ces fonctions peuvent être également accordées à des tribunaux, à des corporations scientifiques ou à de simples particuliers, qu'ils soient ou non citoyens de la nation qui les désigne.

Art. 8. — Le Tribunal peut être unipersonnel ou collectif. Pour le premier cas, il faut que les parties désignent l'arbitre d'un mutuel accord. S'il est au contraire collectif, les parties conviendront de sa composition en nommant simultanément un arbitre de son choix.

Art. 9, — Le Tribunal sera toujours composé d'un nombre pair d'arbitres. Les nations pouvant, en cas de désaccord entre ces arbitres, en nommer un nouveau pour trancher l'égalité des voix, si elles-mêmes n'étaient pas d'accord à ce sujet, ce choix serait fait par élection par les arbitres déjà désignés.

Art. 10. — La désignation et l'acceptation de cet arbitre seront faites avant toute discussion de l'affaire en suspens.

Art. 11. — Cet arbitre ne se réunira pas définitivement au Tribunal, sa tâche consistant à trancher une question ayant obtenu parité de voix.

Art. 12. — En cas de mort, démission ou empêchement, de nouveaux arbitres seront nommés de la même façon que les précédents.

Art. 13. — Le Tribunal exercera ses fonctions dans l'endroit qui lui sera désigné par les parties ou, si elles n'étaient pas d'accord à ce sujet, le Tribunal ferait lui-même élection de son siège.

Art. 14. — Lorsque le Tribunal sera collectif, l'effet de la majorité absolue ne sera pas restreint ou annulé par l'absence de la minorité, et l'affaire suivrait son cours régulier.

Art. 15. — Les décisions de la majorité absolue feront sentence autant sur les menus faits qui se produiraient que sur le fond même de la question, excepté si le compromis arbitral exigeait l'unanimité.

Art. — 16. — Les frais généraux de l'arbitrage seront payés au prorata par les nations y intéressées, nonobstant les dépenses particulières et les frais de représentation de chacune d'elles.

Art. 17. — Les parties intéressées dans la controverse formeront, dans chaque cas, le Tribunal d'accord avec les règles établies plus haut. C'est seulement par consentement mutuel qu'on pourra déroger à ces prescriptions.

Art. 18. — Le traité subsistera pendant vingt ans, à dater de sa signature. Passé ce terme, il continuerait à être en vigueur, à moins que l'une des parties déclare aux autres ne plus y adhérer ; cette abstention n'impliquerait pas pour les autres l'invalidité du traité.

Art. 19. Ce traité sera ratifié par toutes les nations qui l'approuvent conformément aux procédures constitutionnelles et les ratifications en seront opérées dans la ville de Washington, le 1er mai 1891 ou plus tôt s'il était possible de le faire,

------

La seule lecture de ce plan d'arbitrage démontre que le Congrès veut établir un arbitrage obligatoire quelle que soit la nature des conflits (art. 2, 3), puis un arbitrage volontaire pour une des parties et obligatoire pour l'autre (art. 4), et le Congrès, faisant également la revision des traités déjà passés antérieurement (art. 6), démontre par ses articles qu'il envisage toutes les possibilités et toutes les hypothèses.

A ce Congrès furent représentés les États suivants : Argentine, Bolivie, Brésil, Chili, Colombie, Costa-Rica, Équateur, États-Unis d'Amérique, Guatémala, Haïti, Honduras, Mexique, Nicaragua, Paraguay, Pérou, Uruguay, San Salvador et Vénézuela, c'est-à-dire toute l'Amérique, sauf la République de Saint-Domingue.

Les travaux terminés (les débats forment deux volumes de 1.200 pages), M. Blaine invita les délégués à signer le « *Traité de Washington* », reproduction des articles précités et que signèrent neuf des Puissances représentées au Congrès : Bolivie, Brésil, Équateur, Guatémala, États-Unis, Haïti, Honduras, Nicaragua et San Salvador.

Les autres s'abstinrent ou refusèrent, estimant ne rien

devoir changer au « traité uniforme d'arbitrage » du 28 avril 1890.

Si le Congrès échoua dans son but essentiel, il est indiscutable que le principe général juridique de l'arbitrage fut établi et suivi notamment, lors du différend entre le Chili et la République Argentine, soumis à la décision arbitrale de la Reine Victoria ; lors de la démarcation des frontières entre la Colombie et Costa-Rica, qui, fut soumise à la décision du Président de la République Française ; lors également des limites à établir entre la Guyane Française et le Brésil, que jugea le Conseil Fédéral suisse et, enfin, lors du différend survenu pour une question de frontières entre le Vénézuela et l'Angleterre et que jugera un Tribunal d'arbitrage qui siégera à Paris, et d'autres qui seront jugés par des Tribunaux mixtes à Washington, à Lausanne, etc.

Examinons maintenant le résultat de la Conférence de La Haye réunie dans le même but.

Les délégués à la Conférence de la Maison Royale du Bois (1899) nous ont fait connaître l'opinion des Puissances sur la question qui nous occupe.

Vingt-six nations, réunies sur le désir de S. M. Nicolas II, élaborèrent un programme que résume ce passage d'une lettre du comte Mouravief, en date du 12/24 août 1898 : « Le » Gouvernement Impérial croit que le moment serait propice » de rechercher les moyens les plus efficaces d'assurer à tous » les peuples les bienfaits d'une paix réelle et durable et » de mettre avant tout un terme aux développements pro- » gressifs des armements actuels ».

Une Commission spéciale fut chargée d'étudier les moyens pacifiques pour régler les conflits internationaux ; les premiers délégués de la presque totalité des Puissances s'inscrivirent à cette Commission dite « de l'Arbitrage ».

Nous avons déjà dit plus haut que la Conférence de La

Haye avait adopté les *bons offices* et la *médiation* comme moyens amicaux *indirects.*

Voici ce que déclara M. Léon Bourgeois, président de la Commission d'arbitrage : « En dehors de la médiation, et » par des voix toujours pacifiques, nous aurons à examiner » le recours à l'arbitrage. Dans cette dernière hypothèse, » nous devrons établir les cas dans lesquels ce recours est » *possible* et en fixer l'énumération. Nous demanderons » ensuite s'il est des cas où les nations pourront admettre » à l'avance que ce recours serait *obligatoire*; il sera néces- » saire d'établir une procédure d'arbitrage acceptée par « tous ».

On convint de prendre comme base de discussion deux projets déposés par la Russie concernant « les Éléments pour l'élaboration d'un projet de convention à conclure entre les Puissances participant à la Conférence de La Haye » et un « Projet de Code d'arbitrage ».

Sir Jullian Pauncefote, délégué d'Angleterre, soumit à la Conférence un projet de juridiction permanente arbitrale pour établir un Tribunal d'arbitrage permanent et interna- tional. Nous traiterons séparément cette question qui com- prend l'arbitrage conventionnel et l'arbitrage juridique sous forme de Tribunal arbitral.

Il fut nettement établi, dès le début des séances du Congrès de La Haye, que l'arbitrage était le recours le plus efficace pour prévenir l'usage de la force et assurer le bien-être universel. On fit élaborer d'abord, par une Sous-Commis- sion, un plan soumis ensuite à la Conférence plénière. Au sujet des cas dans lesquels les Puissances pourraient s'obliger à la solution arbitrale, l'article 10 du projet russe proposait non seulement l'obligation d'arbitrage, mais énumérait les cas où elle s'imposait *ipso facto.*

Voici cet article *in extenso:*

Projet de la Convention pour le « Règlement pacifique des conflits internationaux » émanant de la Délégation Russe.

« A partir de la ratification du présent Acte par toutes les Puissances signataires, l'arbitrage est obligatoire dans les cas suivants, en tant qu'ils ne touchent ni aux intérêts vitaux, ni à l'honneur national des États contractants :

» I. — En cas de différends ou de contestations se rapportant à des dommages pécuniaires éprouvés par un État, ou des ressortissants à la suite d'actions illicites ou de négligence d'un autre État ou des ressortissants de ce dernier.

» II. — En cas de dissentiments se rapportant à l'interprétation ou à l'application des traités et conventions ci-dessous mentionnés:

» 1. — Traités et conventions postales et télégraphiques, de chemins de fer, ainsi qu'ayant trait à la protection des câbles télégraphiques sous-marins; règlements concernant les moyens destinés à prévenir les collisions de navires en pleine mer; conventions relatives à la navigation des fleuves internationaux et canaux interocéaniques.

» 2. — Convention concernant la protection de la propriété littéraire et artistique, ainsi que la propriété industrielle (brevets d'invention, marques de fabrique ou de commerce et nom commercial); conventions monétaires et métriques; conventions sanitaires, vétérinaires et contre le phylloxera.

» 3. — Conventions de succession, de cartes et d'assistance judiciaire mutuelle.

» 4. — Conventions de démarcations, en tant qu'elles touchent aux questions purement techniques et non politiques. »

Quelques nations, comme l'Allemagne, firent des réserves sur le principe de l'obligation d'arbitrage ; la France
tout en acceptant cette obligation pour certains différends,
déclara que l'énumération russe était susceptible d'additions
et de suppressions ; la Belgique désirait voir compris dans
l'obligation arbitrale les malentendus surgissant de l'interprétation et de l'exécution des traités de commerce, tandis
que l'Angleterre, l'Italie, les États-Unis et d'autres s'opposaient à toute énumération.

« En présence de cette situation, dit M. Léon Bourgeois,
» dans son rapport au Gouvernement français, il parut
» sage de ne point prolonger un débat sans issue ; la cause
» de l'arbitrage, après l'adoption unanime par le Comité
» d'un Tribunal permanent, avait remporté un succès trop
» considérable pour qu'on s'exposât à en perdre les fruits.
» *On décida donc à l'unanimité de ne reconnaître aux cas*
» *d'arbitrage qu'un caractère purement facultatif et ceux-*
» *là mêmes des délégués qui avaient le plus énergiquement*
» *défendu l'idée d'obligation se rallièrent à cette transaction.* »

Sur ce point également les sages discussions et les déclarations de la Conférence de la Haye furent nettes et précises.
Ses décisions générales au sujet de la Justice arbitrale firent
l'objet des articles 15 et 19 du Titre IV que nous reproduisons plus loin.

Le projet d'un Tribunal d'arbitrage permanent fut, ainsi
que nous l'avons dit, proposé par sir Jullian Pauncefote,
il fut appuyé par MM. de Staal, délégué russe et le comte
de Nigra, délégué italien. La France, tout en étant favorable à son établissement, se réservait la liberté d'y recourir volontairement ainsi que l'élection des arbitres ; l'article 24 rejeta néanmoins ces réserves. Quant à l'Allemagne,
elle rejeta purement et simplement le projet, mais elle
entra plus tard dans la voie des transactions.

L'article 27, qui explique le *devoir arbitral* en cas de conflit imminent, détermina une discussion qui remit à l'ordre du jour la question de l'arbitrage obligatoire ou facultatif.

« Il existe une solidarité entre les pays civilisés, disait
» M. d'Estournelles, délégué français, et c'est au nom de
» cette solidarité que nous devons, non pas obliger *les*
» *États en conflit à recourir à l'arbitrage*, mais, ce qui re-
» vient au même, tout en sauvegardant leur indépen-
» dance et leur dignité, les mettre en demeure de choisir
» entre l'arbitrage et la guerre : pour obtenir ce résultat, il
» suffit de décider que le rappel à l'arbitrage sera non pas
» un droit mais un devoir. »

A cet effet, la Délégation française proposa que: « Les
» Puissances signataires, considèrent comme un devoir,
» dans le cas où un conflit aigu menacerait d'éclater entre
» deux ou plusieurs d'entre elles, *de rappeler à celles-ci*
» *que la Cour permanente leur est ouverte.* »

Le délégué de Roumanie demanda que les mots :
« *Les Puissances considèrent comme un devoir* » par ceux-
ci : « *Les Puissances jugent utile* » ; une demande ana-
logue fut formulée par la Serbie, afin de dépouiller l'article 27 de ce que ces deux nations lui trouvaient d'impé-
ratif et de comminatoire. Le délégué allemand, M. le
comte Zorn, expliqua l'article en disant : « Non, ce n'est
» pas *l'arbitrage obligatoire*, et c'est précisément pour
» cette raison invoquée déjà par l'Allemagne que nous
» avons voté l'article 27, *lequel implique une simple recom-*
» *mandation d'ordre purement moral.* »

« L'absence de l'article 27, déclara M. Holls, délégué
» américain, eût été fatale à la Convention, car, sans cette
» expression : d'un *devoir moral*, la Convention restait
» illusoire. »

M. Léon Bourgeois déclara en outre que : « *L'utilité mo-*
» *rale* de l'article 27 est tout entière dans ce fait qu'un
» *devoir commun* pour le maintien de la paix est reconnu
» et confirmé par toutes les nations ».

A la suite de ces déclarations, l'article 27 fut adopté à
l'unanimité.

La Convention pour le règlement pacifique des conflits
internationaux, après avoir vaincu toutes les résistances,
fut adoptée par toutes les Puissances représentées à La Haye :
les unes la signèrent le 29 juillet 1899, les autres au moment
de la clôture des Protocoles, c'est-à-dire le 31 décembre de
la même année.

CONFÉRENCE DE LA HAYE

TITRE Iᵉʳ
Du maintien de la paix générale.

ARTICLE PREMIER. — En vue de prévenir autant que
possible le recours à la force dans les rapports entre les
États, les puissances signataires conviennent d'employer
tous leurs efforts pour assurer le règlement pacifique des
différends internationaux.

TITRE II
Des bons offices de la médiation.

ART. 2. — En cas de dissentiment grave ou de conflit,
avant d'en appeler aux armes, les puissances signataires
conviennent d'avoir recours, en tant que les circonstances
le permettront, aux bons offices ou à la médiation d'une
ou de plusieurs puissances amies.

Art. 3. — Indépendamment de ce recours, les puissances signataires jugent utile qu'une ou plusieurs puissances étrangères au conflit offrent de leur propre initiative, en tant que les circonstances s'y prêtent, leurs bons offices ou leur médiation aux États en conflit.

Le droit d'offrir les bons offices ou la médiation appartient aux puissances étrangères au conflit même pendant le cours des hostilités.

L'exercice de ce droit ne peut jamais être considéré par l'une ou l'autre des parties en litige comme un acte peu amical.

Art. 4. — Le rôle du médiateur consiste à concilier les prétentions opposées et à apaiser les ressentiments qui peuvent s'être produits entre les États en conflit.

Art. 5. — Les fonctions du médiateur cessent du moment où il est constaté, soit par l'une des parties en litige, soit par le médiateur lui-même, que les moyens de conciliation proposés par lui ne sont pas acceptés.

Art. 6. — Les bons offices et la médiation, soit sur le recours des parties en conflit, soit sur l'initiative des puissances étrangères au conflit, ont exclusivement le caractère de conseil et n'ont jamais force obligatoire.

Art. 7. — L'acceptation de la médiation ne peut avoir pour effet, sauf convention contraire, d'interrompre, de retarder ou d'entraver la mobilisation et autres mesures préparatoires à la guerre.

Si elle intervient après l'ouverture des hostilités, elle n'interrompt pas, sauf convention contraire, les opérations militaires en cours.

Art. 8. — Les puissances signataires sont d'accord pour recommander l'application, dans les circonstances qui le permettent, d'une médiation spéciale sous la forme suivante :

En cas de différend grave compromettant la paix, les États en conflit choisissent respectivement une puissance à laquelle ils confient la mission d'entrer en rapport direct avec la puissance choisie d'autre part, à l'effet de prévenir la rupture des relations pacifiques.

Pendant la durée de ce mandat, dont le terme, sauf stipulation contraire, ne peut excéder trente jours, les États en litige cessent tout rapport direct au sujet du conflit, lequel est considéré comme déféré exclusivement aux puissances médiatrices. Celles-ci doivent appliquer tous leurs efforts à régler le différend.

En cas de rupture effective des relations pacifiques, ces puissances demeurent chargées de la mission commune de profiter de toute occasion pour rétablir la paix.

TITRE III
Des commissions internationales d'enquête.

Art. 9. — Dans les litiges d'ordre international n'engageant ni l'honneur ni des intérêts d'ordre essentiel et provenant d'une divergence d'appréciation sur des points de fait, les puissances signataires jugent utile que les parties qui n'auraient pu se mettre d'accord par les voies diplomatiques instituent, en tant que les circonstances le permettront, une commission internationale d'enquête chargée de faciliter la solution de ces litiges en éclaircissant, par un examen impartial et consciencieux, les questions de fait.

Art. 10. — Les commissions internationales d'enquête sont constituées par convention spéciale entre les parties en litige.

La convention d'enquête précise les faits à examiner et l'étendue des pouvoirs des commissaires.

Elle règle la procédure.

L'enquête a lieu contradictoirement.

La forme et les délais à observer, en tant qu'ils ne sont pas fixés par la convention d'enquête, sont déterminés par la commission elle-même.

Art. 11. — Les commissions internationales d'enquête sont formées, sauf stipulation contraire, de la manière déterminée par l'article 32 de la présente convention.

Art. 12. — Les puissances en litige s'engagent à fournir à la commission internationale d'enquête, dans la plus large mesure qu'elles jugeront possible, tous les moyens et toutes les facilités nécessaires pour la connaissance complète et l'appréciation exacte des faits en question.

Art. 13. — La commission internationale d'enquête présente aux puissances en litige son rapport signé par tous les membres de la commission.

Art. 14. — Le rapport de la commission internationale d'enquête, limité à la constatation des faits, n'a nullement le caractère d'une sentence arbitrale. Il laisse aux puissances en litige une entière liberté pour la suite à donner à cette constatation.

TITRE IV
De l'arbitrage international.

CHAPITRE Ier
De la justice arbitrale.

Art. 15. — L'arbitrage international a pour objet le règlement de litiges entre les États par des juges de leur choix et sur la base du respect du droit.

Art. 16. — Dans les questions d'ordre juridique, et en premier lieu dans les questions d'interprétation ou d'application des conventions internationales, l'arbitrage est reconnu par les puissances signataires comme le moyen le plus efficace et en même temps le plus équitable de régler

les litiges qui n'ont pas été résolus par les voies diplomatiques.

Art. 17. — La convention d'arbitrage est conclue pour
des contestations déjà nées ou pour des contestations éven-
tuelles.

Elle peut concerner tout litige ou seulement les litiges
d'une catégorie déterminée.

Art. 18. — La convention d'arbitrage implique l'engagement de se soumettre de bonne foi à la sentence arbitrale.

Art. 19. — Indépendamment des traités généraux ou
particuliers qui stipulent actuellement l'obligation du
recours à l'arbitrage pour les puissances signataires, ces
puissances se réservent de conclure, soit avant la ratification du présent acte, soit postérieurement, des accords
nouveaux, généraux ou particuliers, en vue d'étendre
l'arbitrage obligatoire à tous les cas qu'elles jugeront possible de lui soumettre.

CHAPITRE II
De la cour permanente d'arbitrage.

Art. 20. — Dans le but de faciliter le recours immédiat
à l'arbitrage pour les différends internationaux qui n'ont
pu être réglés par la voie diplomatique, les puissances
signataires s'engagent à organiser une cour permanente
d'arbitrage accessible en tout temps et fonctionnant, sauf
stipulation contraire des parties, conformément aux règles
de procédure insérées dans la présente convention.

Art. 21. — La cour permanente sera compétente pour
tous les cas d'arbitrage, à moins qu'il n'y ait entente entre
les parties pour l'établissement d'une juridiction spéciale.

Art. 22. — Un bureau international établi à la Haye
sert de greffe à la cour.

Ce bureau est l'intermédiaire des communications relatives aux réunions de celle-ci.

Il a la garde des archives et la gestion de toutes les affaires administratives.

Les puissances signataires s'engagent à communiquer au bureau international de la Haye une copie certifiée conforme de toute stipulation d'arbitrage intervenue entre elles et de toute sentence arbitrale les concernant et rendue par des juridictions spéciales.

Elles s'engagent à communiquer de même au bureau les lois, règlements et documents constatant éventuellement l'exécution des sentences rendues par la cour.

Art. 23. — Chaque puissance signataire désignera, dans les trois mois qui suivront la ratification par elle du présent acte, quatre personnes au plus, d'une compétence reconnue dans les questions de droit international, jouissant de la plus haute considération morale et disposées à accepter les fonctions d'arbitres.

Les personnes ainsi désignées seront inscrites, au titre de membres de la cour, sur une liste qui sera notifiée à toutes les puissances signataires par les soins du bureau.

Toute modification à la liste des arbitres est portée, par les soins du bureau, à la connaissance des puissances signataires.

Deux ou plusieurs puissances peuvent s'entendre pour la désignation en commun d'un ou de plusieurs membres.

La même personne peut être désignée par des puissances différentes.

Les membres de la cour sont nommés pour un terme de six ans. Leur mandat peut être renouvelé.

En cas de décès ou de retraite d'un membre de la cour, il est pourvu à son remplacement selon le mode fixé pour sa nomination.

Art. 24. — Lorsque les puissances signataires veulent s'adresser à la cour permanente pour le règlement d'un différend survenu entre elles, le choix des arbitres appelés à former le tribunal compétent pour statuer sur ce différend doit être fait dans la liste générale des membres de la cour.

A défaut de constitution du tribunal arbitral par l'accord immédiat des parties, il est procédé de la manière suivante :

Chaque partie nomme deux arbitres, et ceux-ci choisissent ensemble un surarbitre.

En cas de partage des voix, le choix du surarbitre est confié à une puissance tierce, désignée de commun accord par les parties.

Si l'accord ne s'établit pas à ce sujet, chaque partie désigne une puissance différente, et le choix du surarbitre est fait de concert par les puissances ainsi désignées.

Le tribunal étant ainsi composé, les parties notifient au bureau leur décision de s'adresser à la cour et les noms des arbitres.

Le tribunal arbitral se réunit à la date fixée par les parties.

Les membres de la cour, dans l'exercice de leurs fonctions et en dehors de leur pays, jouissent des privilèges et immunités diplomatiques.

Art. 25. — Le tribunal arbitral siège d'ordinaire à la Haye.

Le siège ne peut, sauf le cas de force majeure, être changé par le tribunal que de l'assentiment des parties.

Art. 26. — Le bureau international de la Haye est autorisé à mettre ses locaux et son organisation à la disposition des puissances signataires pour le fonctionnement de toute juridiction spéciale d'arbitrage.

La juridiction de la cour permanente peut être étendue, dans les conditions prescrites par les règlements, aux litiges existant entre des puissances non signataires ou entre des puissances signataires et des puissances non signataires, si les parties sont convenues de recourir à cette juridiction.

ART. 27. — Les puissances signataires considèrent comme un devoir, dans le cas où un conflit aigu menacerait d'éclater entre deux ou plusieurs d'entre elles, de rappeler à celles ci que la cour permanente leur est ouverte.

En conséquence, elles déclarent que le fait de rappeler aux parties en conflit les dispositions de la présente convention et le conseil donné, dans l'intérêt supérieur de la paix, de s'adresser à la cour permanente, ne peuvent être considérés que comme actes de bons offices.

ART. 28. — Un conseil administratif permanent, composé des représentants diplomatiques des puissances signataires accrédités à la Haye et du ministre des affaires étrangères des Pays-Bas qui remplira les fonctions de président, sera constitué dans cette ville le plus tôt possible après la ratification du présent acte par neuf puissances au moins.

Ce conseil sera chargé d'établir et d'organiser le bureau international, lequel demeurera sous sa direction et sous son contrôle.

Il notifiera aux puissances la constitution de la cour et pourvoira à l'installation de celle-ci.

Il arrêtera son règlement d'ordre ainsi que tous autres règlements nécessaires.

Il décidera toutes les questions administratives qui pourraient surgir touchant le fonctionnement de la cour.

Il aura tout pouvoir quant à la nomination, la suspension ou la révocation des fonctionnaires et employés du bureau.

Il fixera les traitements et salaires et contrôlera la dépense générale.

La présence de cinq membres dans les réunions dûment convoquées suffit pour permettre au conseil de délibérer valablement. Les décisions sont prises à la majorité des voix.

Le conseil communique sans délai aux puissances signataires les règlements adoptés par lui. Il leur adresse chaque année un rapport sur les travaux de la cour, sur le fonctionnement des services administratifs et sur les dépenses.

Art. 29. — Les frais du bureau seront supportés par les puissances signataires dans la proportion établie pour le bureau international de l'union postale universelle.

CHAPITRE III

De la procédure arbitrale.

Art. 30. — En vue de favoriser le développement de l'arbitrage, les puissances signataires ont arrêté les règles suivantes, qui seront applicables à la procédure arbitrale en tant que les parties ne sont pas convenues d'autres règles.

Art. 31. — Les puissances qui recourent à l'arbitrage signent un acte spécial (compromis) dans lequel sont nettement déterminés l'objet du litige ainsi que l'étendue des pouvoirs des arbitres. Cet acte implique l'engagement des parties de se soumettre de bonne foi à la sentence arbitrale.

Art. 32. — Les fonctions arbitrales peuvent être conférées à un arbitre unique ou à plusieurs arbitres désignés par les parties à leur gré ou choisis par elles parmi les membres de la cour permanente d'arbitrage établie par le présent acte.

A défaut de constitution du tribunal par l'accord immédiat des parties, il est procédé de la manière suivante:

Chaque partie nomme deux arbitres, et ceux-ci choisissent ensemble un surarbitre.

En cas de partage des voix, le choix du surarbitre est confié à une puissance tierce désignée de commun accord par les parties.

Si l'accord ne s'établit pas à ce sujet, chaque partie désigne une puissance différente, et le choix du surarbitre est fixé de concert par les puissances ainsi désignées.

Art 33. — Lorsqu'un souverain ou un chef d'État est choisi pour arbitre, la procédure arbitrale est réglée par lui.

Art. 34. — Le surarbitre est de droit président du tribunal.

Lorsque le tribunal ne comprend pas de surarbitre, il nomme lui-même son président.

Art. 35. — En cas de décès, de démission ou d'empêchement, pour quelque cause que ce soit, de l'un des arbitres, il est pourvu à son remplacement selon le mode fixé pour sa nomination.

Art. 36. — Le siège du tribunal est désigné par les parties. A défaut de cette désignation, le tribunal siège à la Haye.

Le siège ainsi fixé ne peut, sauf le cas de force majeure, être changé par le tribunal que de l'assentiment des parties.

Art. 37. — Les parties ont le droit de nommer auprès du tribunal des délégués ou agents spéciaux, avec la mission de servir d'intermédiaires entre elles et le tribunal.

Elles sont en outre autorisées à charger de la défense de leurs droits et intérêts devant le tribunal des conseils ou avocats nommés par elles à cet effet.

Art. 38. — Le tribunal décide du choix des langues dont il fera usage et dont l'emploi sera autorisé devant lui.

Art. 39. — La procédure arbitrale comprend en règle générale deux phases distinctes : l'instruction et les débats.

L'instruction consiste dans la communication faite par les agents respectifs, aux membres du tribunal et à la partie adverse, de tous actes imprimés ou écrits et de tous documents contenant les moyens invoqués dans la cause. Cette communication aura lieu dans la forme et dans les délais déterminés par le tribunal en vertu de l'article 49.

Les débats consistent dans le développement oral des moyens des parties devant le tribunal.

Art. 40. — Toute pièce produite par l'une des parties doit être communiquée à l'autre partie.

Art. 41. — Les débats sont dirigés par un président.

Ils ne sont publics qu'en vertu d'une décision du tribunal, prise avec l'assentiment des parties.

Ils sont consignés dans des procès-verbaux rédigés par des secrétaires que nomme le président. Ces procès-verbaux ont seuls caractère authentique.

Art. 42. — L'instruction étant close, le tribunal a le droit d'écarter du débat tous actes ou documents nouveaux qu'une des parties voudrait lui soumettre sans le consentement de l'autre.

Art. 43. — Le tribunal demeure libre de prendre en considération les actes ou documents nouveaux sur lesquels les agents ou conseils des parties appelleraient son attention.

En ce cas, le tribunal a le droit de requérir la production de ces actes ou documents, sauf l'obligation d'en donner connaissance à la partie adverse.

Art. 44. — Le tribunal peut, en outre, requérir des agents des parties la production de tous actes et demander toutes explications nécessaires. En cas de refus, le tribunal en prend acte.

Art. 45. — Les agents et les conseils des parties sont autorisés à présenter oralement au tribunal tous les moyens qu'ils jugent utiles à la défense de leur cause.

Art. 46. — Ils ont le droit de soulever des exceptions et incidents. Les décisions du tribunal sur ces points sont définitives et ne peuvent donner lieu à aucune discussion ultérieure.

Art. 47. — Les membres du tribunal ont le droit de poser des questions aux agents et aux conseils des parties et de leur demander des éclaircissements sur les points douteux.

Ni les questions posées ni les observations faites par les membres du tribunal pendant le cours des débats ne peuvent être regardées comme l'expression des opinions du tribunal en général ou de ses membres en particulier.

Art. 48. — Le tribunal est autorisé à déterminer sa compétence en interprétant le compromis ainsi que les autres traités qui peuvent être invoqués dans la matière et en appliquant les principes du droit international.

Art. 49. — Le tribunal a le droit de rendre des ordonnances de procédure pour la direction du procès, de déterminer les formes et délais dans lesquels chaque partie devra prendre ses conclusions et de procéder à toutes les formalités que comporte l'administration des preuves.

Art. 50. — Les agents et les conseils des parties ayant présenté tous les éclaircissements et preuves à l'appui de leur cause, le président prononce la clôture des débats.

Art. 51. — Les délibérations du tribunal ont lieu à huis clos.

Toute décision est prise à la majorité des membres du tribunal.

Le refus d'un membre de prendre part au vote doit être constaté dans le procès-verbal.

Art. 52. — La sentence arbitrale votée à la majorité des voix est motivée. Elle est rédigée par écrit et signée par chacun des membres du tribunal.

Ceux des membres qui sont restés en minorité peuvent constater, en signant, leur dissentiment.

Art. 53. — La sentence arbitrale est lue en séance publique du tribunal, les agents et les conseils des parties présents ou dûment appelés.

Art. 54. — La sentence arbitrale, dûment prononcée et notifiée aux agents des parties en litige, décide définitivement et sans appel la contestation.

Art. 55. — Les parties peuvent se réserver dans le compromis de demander la revision de la sentence arbitrale.

Dans ce cas et sauf convention contraire, la demande doit être adressée au tribunal qui a rendu la sentence. Elle ne peut être motivée que par la découverte d'un fait nouveau qui eut été de nature à exercer une influence décisive sur la sentence et qui, lors de la clôture des débats, était inconnu du tribunal lui-même et de la partie qui a demandé la revision.

La procédure de revision ne peut être ouverte que par une décision du tribunal constatant expressément l'existence du fait nouveau, lui reconnaissant les caractères prévus par le paragraphe précédent et déclarant à ce titre la demande recevable.

Le compromis détermine le délai dans lequel la demande de revision doit être formée.

Art. 56. — La sentence arbitrale n'est obligatoire que pour les parties qui ont conclu le compromis.

Lorsqu'il s'agit de l'interprétation d'une convention à

laquelle ont participé d'autres puissances que les parties en litige, celles-ci notifient aux premières le compromis qu'elles ont conclu. Chacune de ces puissances a le droit d'intervenir au procès. Si une ou plusieurs d'entre elles ont profité de cette faculté, l'interprétation contenue dans la sentence est également obligatoire à leur égard.

ART. 57. — Chaque partie supporte ses propres frais et une part égale des frais du tribunal.

DISPOSITIONS GÉNÉRALES

ART. 58. — La présente convention sera ratifiée dans le plus bref délai possible.

Les ratifications seront déposées à la Haye.

Il sera dressé du dépôt de chaque ratification un procès-verbal dont une copie, certifiée conforme, sera remise par la voie diplomatique à toutes les puissances qui ont été représentées à la conférence internationale de la paix de la Haye.

ART. 59. — Les puissances non signataires qui ont été représentées à la conférence internationale de la paix pourront adhérer à la présente convention. Elles auront, à cet effet, à faire connaître leur adhésion aux puissances contractantes, au moyen d'une notification écrite adressée au gouvernement des Pays-Bas et communiquée par celui-ci à toutes les autres puissances contractantes.

ART 60. — Les conditions auxquelles les puissances qui n'ont pas été représentées à la conférence internationale de la paix pourront adhérer à la présente convention, formeront l'objet d'une entente ultérieure entre les puissances contractantes.

ART. 61. — S'il arrivait qu'une des hautes parties contractantes dénonçât la présente convention, cette dénonciation ne produirait ses effets qu'un an après la notification faite par écrit au gouvernement des Pays-Bas et communiquée immédiatement par celui-ci à toutes les autres puissances contractantes.

Cette dénonciation ne produira ses effets qu'à l'égard de la puissance qui l'aura notifiée.

En foi de quoi, les plénipotentiaires ont signé la présente convention et l'ont revêtue de leurs sceaux.

Fait à la Haye, le 29 juillet 1899, en un seul exemplaire qui restera déposé dans les archives du gouvernement des Pays-Bas et dont des copies, certifiées conformes, seront remises par la voie diplomatique aux puissances contractantes.

Pour l'Allemagne :
(L. S.) MUNSTER DERNEBURG.

Pour l'Autriche-Hongrie :
(L. S.) WELSERSHEIMB.
(L. S.) OKOLICSANYI.

Pour la Belgique :
(L. S.) A. BEERNAERT.
(L. S.) COMTE DE GRELLE ROGIER.
(L. S.) CHEVALIER DESCAMPS.

Pour la Chine :
(L. S.) YANG YU.

Pour le Danemark :
(L. S.) F. BILLE.

Pour l'Espagne :
(L. S.) EL DUQUE DE TETUAN.
(L. S.) W. R. DE VILLA URRUTIA.
(L. S.) ARTURO DE BAGUER.

Pour les États-Unis d'Amérique :
(L. S.) ANDREW D. WHITE.

(L. S.) SETH LOW.
(L. S.) STANFORD NEWEL.
(L. S.) A. T. MAHAN.
(L. S.) WILLIAM CROZIER.

Sous réserve de la déclaration faite dans la séance plénière de la conférence du 25 juillet 1899.

Pour les États-Unis mexicains :
(L. S.) A. DE MIER.
(L. S.) J. ZENIL.

Pour la France :
(L. S.) LÉON BOURGEOIS.
(L. S.) G. BIHOURD.
(L. S.) D'ESTOURNELLES DE CONSTANT.

Pour la Grande-Bretagne et l'Irlande :
(L. S.) PAUNCEFOTE.
(L. S.) HENRY HOWARD.

Pour la Grèce :
(L. S.) N. DELYANNI.

Pour l'Italie :
(L. S.) NIGRA.
(L. S.) A. ZANNINI.
(L. S.) G. POMPILJ.

Pour le Japon :
(L. S.) I. MOTONO.

Pour le Luxembourg :
(L. S.) EYSCHEN.

Pour le Montenegro :
(L. S.) STAAL.

Pour les Pays-Bas :

    (L. S.) V. KARTEBEEK.

    (L. S.) DEN BEER POORTUGAEL.

    (L. S.) T. M. C. ASSER.

    (L. S.) E. N. RAHUSEN.

Pour la Perse :

    (L. S.) MIRZA RIZA KHAN, ARFA UD DOVLEH.

Pour le Portugal :

    (L. S.) CONDE DE MACEDO.

    (L. S.) AGOSTINHO D'ORNELLAS DE VASCONCELLOS.

    (L. S.) CONDE DE SELIR.

Pour la Roumanie :

    (L. S.) A. BELDIMAN.

    (L. L.) J. N. PAPINIU.

> Sous les réserves, formulées aux articles
> 16, 17 et 19 de la présente convention
> (15, 16 et 18 du projet présenté par le
> comité d'examen), et consignées au pro-
> cès-verbal de la séance de la 3ᵉ commis-
> sion du 20 juillet 1899.

Pour la Russie :

    (L. S.) STAAL.

    (L. S.) MARTENS.

    (L. S.) A. BASILY.

Pour la Serbie :

    (L. S.) CHEDO MIYATOVITCH.

> Sous les réserves contenues au procès-
> verbal de la commission, du 20 juillet
> 1899.

Pour le Siam :

(*L. S.*) PHYA SURIYA NUVATR.

(*L. S.*) VISUDDHA.

Pour les Royaumes-Unis de Suède et de Norvège :

(*L. S.*) BILDT.

Pour la Suisse :

(*L. S.*) ROTH.

Pour la Turquie :

(*L. S.*) TURKHAN.

(*L. S.*) MEHEMED NOURY.

Sous réserve de la déclaration faite dans la séance plénière de la conférence du 25 juillet 1899.

Pour la Bulgarie :

(*L. S.*) D. STAMCIOFF.

(*L. S.*) MAJOR HESSAPTCHIEFF.

ANNEXE
Règlement concernant les lois et coutumes de la guerre sur terre

SECTION Ire
Des belligérants.

CHAPITRE Ier
De la qualité de belligérants.

ARTICLE PREMIER. — Les lois, les droits et les devoirs de la guerre ne s'appliquent pas seulement à l'armée, mais encore aux milices et aux corps de volontaires réunissant les conditions suivantes :

1° D'avoir à leur tête une personne responsable pour ses subordonnés ;

2° D'avoir un signe distinctif fixe et reconnaissable à distance ;

3° De porter les armes ouvertement, et

4° De se conformer dans leurs opérations aux lois et coutumes de la guerre.

Dans les pays où les milices ou des corps de volontaires constituent l'armée ou en font partie, ils sont compris sous la dénomination d'armée.

ART. 2. — La population d'un territoire non occupé qui, à l'approche de l'ennemi, prend spontanément les armes pour combattre les troupes d'invasion sans avoir eu le temps de s'organiser conformément à l'article 1er, sera considérée comme belligérante si elle respecte les lois et coutumes de la guerre.

ART. 3. — Les forces armées des parties belligérantes peuvent se composer de combattants et de non-combattants. En cas de capture par l'ennemi, les uns et les autres ont droit au traitement des prisonniers de guerre.

CHAPITRE II

Des prisonniers de guerre.

ART. 4. — Les prisonniers de guerre sont au pouvoir du gouvernement ennemi, mais non des individus ou des corps qui les ont capturés.

Ils doivent être traités avec humanité.

Tout ce qui leur appartient personnellement, excepté les armes, les chevaux et les papiers militaires, reste leur propriété.

ART. 5. — Les prisonniers de guerre peuvent être assujettis à l'internement dans une ville, forteresse, camp ou localité quelconque, avec obligation de ne pas s'en éloigner au delà de certaines limites déterminées ; mais ils ne peuvent être enfermés que par mesure de sûreté indispensable.

Art. 6. — L'État peut employer comme travailleurs les prisonniers de guerre, selon leur grade et leurs aptitudes. Ces travaux ne seront pas excessifs et n'auront aucun rapport avec les opérations de la guerre.

Les prisonniers peuvent être autorisés à travailler pour le compte d'administrations publiques ou de particuliers, ou pour leur propre compte.

Les travaux faits pour l'État sont payés d'après les tarifs en vigueur pour les militaires de l'armée nationale exécutant les mêmes travaux.

Lorsque les travaux ont lieu pour le compte d'autres administrations publiques ou pour des particuliers, les conditions en sont réglées d'accord avec l'autorité militaire.

Le salaire des prisonniers contribuera à adoucir leur position, et le surplus leur sera compté au moment de leur libération, sauf défalcation des frais d'entretien.

Art. 7. — Le gouvernement au pouvoir duquel se trouvent les prisonniers de guerre est chargé de leur entretien.

A défaut d'une entente spéciale entre les belligérants, les prisonniers de guerre seront traités, pour la nourriture, le couchage et l'habillement, sur le même pied que les troupes du gouvernement qui les aura capturés.

Art. 8. — Les prisonniers de guerre seront soumis aux lois, règlements et ordres en vigueur dans l'armée de l'État au pouvoir duquel ils se trouvent. Tout acte d'insubordination autorise, à leur égard, les mesures de rigueur nécessaires.

Les prisonniers évadés, qui seraient repris avant d'avoir pu rejoindre leur armée ou avant de quitter le territoire occupé par l'armée qui les aura capturés, sont passibles de peines disciplinaires.

En nous inspirant des résolutions qui ont mérité l'acquiescement des Congrès internationaux, nous pouvons dire que la signification du terme *arbitrage* c'est l'acte par lequel deux ou plusieurs nations se proposent de soumettre leurs dissentiments à la décision irrévocable d'une troisième choisie par elles.

Pour qu'il y ait arbitrage, il faut donc soumission à la sentence de l'arbitre, sinon celle-ci ne saurait être irrévocable et obligatoire. *La recherche de l'arbitrage est donc facultative, son arrêt est obligatoire.*

La solution arbitrale est donc essentiellement différente, dans son résultat. de la recherche de l'arbitre qui doit, une fois constitué, la rendre sans appel, car, si la recherche elle-même était *obligatoire*, l'arbitrage deviendrait une imposition ou une *médiation armée*.

C'est dans le but de bien déterminer ces nuances que nous scrutons minutieusement les décisions des **divers** Congrès qui se sont occupés de l'arbitrage international en cherchant les moyens de pacifier le monde, en adoptant *l'arbitrage obligatoire* comme le dénomment certains et en essayant de se mettre d'accord sur les cas où les Gouvernements pourraient réciproquement s'obliger à y recourir.

Passons à l'étude des faits auxquels on a abouti après ces divers Congrès et commençons par les conséquences du Traité de Paris.

Au moment de discuter l'article VII du Traité de Paris de 1856 et en en fixant la portée au sujet de l'engagement à la médiation qu'y prenaient les Puissances signataires, le comte de Walewski déclara au Congrès que « les Grandes » Puissances entendaient ne pas prendre un engagement » formel, mais bien exprimer un vœu qui ne saurait alié- » ner en aucun cas la liberté d'appréciation que toute » nation indépendante doit se réserver en pareil cas ».

On voit donc que, malgré les horreurs de la guerre russo-turque de cette époque, on a laissé encore à chaque puissance sa liberté d'appréciation en matière arbitrale.

Cette interprétation de l'article VII ne tarda pas à être confirmée par l'Autriche, la France, l'Angleterre, la Russie, la Sardaigne et l'Empire Ottoman, qui prirent l'engagement avant d'en appeler aux armes de recourir aux bons offices d'une nation amie, en tant que les circonstances l'admettraient.

Lors du conflit qui détermina la guerre de 1870, S. M. Britannique engagea les deux nations ennemies à s'adresser à une Puissance pour régler arbitralement le débat. La France refusa en alléguant que les dispositions du Traité de Paris ne sauraient aliéner la libre appréciation qu'une nation doit conserver dans les questions qui ont trait directement à sa dignité.

Plus récemment, lors de la guerre entre la Bolivie, le Pérou et le Chili (1879), après une longue discussion diplomatique, le Chili proposa de recourir à l'arbitrage ; la Bolivie, liée par un traité offensif et défensif avec le Pérou, crut pouvoir rejeter ces ouvertures pacifiques et précipita le recours aux hostilités qui lui furent fatales ainsi qu'à son allié.

La rédaction primitive de l'article 12 de l'Acte Général du Congrès de Berlin, déjà cité, disait que les Puissances *seraient tenues*, avant de recourir à la force, de recourir à la médiation d'une ou de plusieurs Puissances amies, et cette rédaction qui impliquait une idée d'obligation fut changée et l'on mit : « *les Puissances s'engagent* ».

Dans la deuxième partie du même article, les nations déclarèrent au Congrès de Berlin que « pour le même cas » les mêmes Puissances se réservent le recours facultatif à » la procédure de l'arbitrage ».

L'article 12 ne comprend donc qu'un compromis absolument moral et un simple *désir* de recourir à la solution *facultative* de l'arbitrage.

Nous avons fait plus haut allusion à la déclaration faite au Parlement italien, sur la proposition de M. de Mancini, dans les termes suivants :

« La Chambre exprime le vœu que le Gouvernement
» du Roi dans les relations extérieures s'efforcera de faire
» de l'arbitrage un moyen accepté et fréquent de résoudre,
» selon la justice les controverses internationales *dans les*
» *matières susceptibles d'arbitrage;* qu'Il propose, lorsque
» l'occasion s'en présentera, d'introduire dans les traités
» une clause portant que les difficultés sur l'interprétation
» et l'exécution de ceux-ci seront déférées à des arbitres et
» qu'Il persévère dans l'excellente initiative prise par lui
» depuis plusieurs années pour la conclusion de convention
» entre l'Italie et les autres Puissances en vue de rendre
» uniforme et obligatoire dans l'intérêt des peuples respec-
» tifs les règles du droit international privé ».

Pour expliquer toute la portée de ce vœu, qui comporte la reconnaissance du principe d'arbitrage, nous reproduisons les paroles de M. de Mancini concernant un compromis arbitral désiré par le Parlement d'Italie :

« Quelques personnes croient que les partisans de l'ar-
» bitrage s'engagent à l'appliquer *d'une manière absolue,*
» même dans les questions où sont en jeu l'existence,
» l'honneur et l'intégrité nationales, en un mot d'en faire
» un de ces droits absolus et fondamentaux que la nature
» reconnaît à tous les peuples, et que l'on ne peut détacher
» par la pensée de l'essence constitutive de toute nation.
» Nous repoussons cette exagération... »

Plus loin il ajoute :

» Il y a des droits tant privés que publics qui ne peuvent

» jamais faire l'objet d'une renonciation ni d'une conven-
» tion valide. »

Développant ensuite ce que l'arbitrage est, en tant qu'acceptation de son principe, **M.** de Mancini ajoute encore :

« L'arbitrage n'a pas lieu par la volonté d'un seul ; pour
» qu'il soit possible, il faut un compromis, et un compro-
» mis requiert la volonté de tous les intéressés.

» En imprimant à notre politique une tendance paci-
» fique et favorable aux systèmes des arbitrages, nous n'en
» conservons pas moins toujours notre liberté de détermi-
» nation et d'action. »

Le Parlement italien a donc une fois de plus prouvé que
la généralité du principe ne pouvait s'établir d'une façon
absolue et obligatoire.

Tous les Congrès ont repoussé l'idée d'obligation ; mais,
d'une façon progressive, ont conseillé le recours à l'arbitrage d'une manière de plus en plus étendue.

Le Congrès de Washington tenta de généraliser le principe obligatoire et uniforme d'arbitrage.

Son article 2 l'impose pour les questions de privilège
diplomatique, consulaire, démarcation de frontières, etc.

Son article 3 fait un pas de plus dans la voie de l'arbitrage général, ainsi que nous l'avons vu lors de l'étude de
ce Congrès.

Son article 4, dont nous avons longuement parlé plus
haut, eût été décisif si le vote du Congrès l'eût sanctionné.

Le plan uniforme d'arbitrage du Congrès de Washington
n'a été tout d'abord adopté que par neuf des dix-huit
Puissances qui y étaient représentées, et n'a été ensuite
ratifié par aucune d'elles, ce qui démontre encore que le
principe d'obligation échoua devant elles.

Le Congrès de Madrid (novembre 1900) où toutes les
nations parlant la langue espagnole furent représentées,

proclama l'urgence de constituer par l'action des gouvernements un tribunal d'arbitrage hispano-américain qui
jugerait toutes les dissensions qui surviendraient entre ces
États, affirmant (art. 3) que ce Tribunal devait avoir un
caractère *permanent et obligatoire*. Le Congrès ajouta qu'*il
était convenable de garantir l'efficacité des arrêts du Tribunal permanent et obligatoire d'arbitrage, moyennant une
sanction en plus de l'engagement d'honneur pris par toutes
les nations de s'y soumettre.*

Le système de la solution pacifique pour clore tous les
dissentiments par l'arbitrage est aussi ancien que le monde,
et son application date des temps les plus reculés. Ce ne
sont ni les différences de races, ni les distinctions des
caractères, ni la dissemblance des mœurs ou des climats
qui en arrêteront la vulgarisation progressive.

Tous les Congrès, tous les Parlements, depuis 1826 jus-
qu'à nos jours, en ont proclamé la salutaire influence, les
Gouvernements y ont recouru en maintes occasions.

Aux preuves que nous avons présentées au cours de cette
rapide exposition, aux arguments de droit que nous avons
développé, il nous suffira d'ajouter qu'au cours du siècle
qui vient de finir, les Puissances ont presque reconnu le
principe d'obligation par l'ardeur de leurs vœux et leurs
aspirations vers la paix universelle.

La Conférence de La Haye a fait faire un grand pas à
l'idée bienfaisante de l'apaisement. Les conflits actuels,
telle la guerre du Transvaal qui, ainsi que l'a déclaré M. de
Bülow au Reischtag le 10 décembre 1900, n'a éclaté qu'a-
près une tentative de médiation faite inutilement auprès
du Président M. Krüger, deviennent de plus en plus rares.
Le siècle dernier, dont l'aurore se leva en même temps

que les premiers rayons de l'épopée napoléonienne, vit se
dérouler une longue suite de guerres sanglantes, peu à peu
la gloire commerciale et la valeur industrielle ont primé les
lauriers des conquérants, la science est devenue le vaste
champ de bataille des grands semeurs d'idées, le siècle des
armements à outrance s'est terminé, grâce aux bienfaits
de la paix, dans une merveilleuse et gigantesque apothéose
du travail. Ce n'est qu'en prévenant les conflits entre les
peuples, en vulgarisant, en établissant plus solidement que
jamais le principe des solutions pacifiques pour résoudre
les différends, que l'agriculteur pourra ne plus jeter sa
faucille pour saisir un fusil, et que la terre, à jamais
fécondée par le travail, ne sera plus baignée que de ses
sueurs, au lieu de l'être de son sang.

PARIS. — IMPRIMERIE CHAIX. — 5086-3-01. — (Encre Lorilleux).

www.ingramcontent.com/pod-product-compliance
Lightning Source LLC
Chambersburg PA
CBHW061617060726
47597CB00005B/1688